UN AVENTURA PARA TODA LA VIDA

El estudio Bíblico es una aventura personal. Es un medio de comunión íntima con el Señor, una comunión que satisface el corazón y cambia nuestra vida.

En el Libro Siete, *Nuestra Esperanza en Cristo*, de Diseño para el Discipulado, tú aprenderás como estudiar los libros del Nuevo Testamento capítulo por capítulo. Ganarás comprensión de los principios del estudio Bíblico que te permitirán continuar este tipo de estudio como un hábito para toda la vida.

El método que utilizarás al estudiar 1 Tesalonicenses puede ser calificado *como análisis comprensivo del libro*. Tu estudio incluirá tres pasos básicos.

El primero es un *estudio* del libro completo. En vez de concentrarte en detalles particulares, tú trabajarás para obtener una amplia visión del todo.

A continuación harás *un análisis capítulo por capítulo* de 1 Tesalonicenses. Tu objetivo aquí es estudiar los cinco capítulos separadamente, enfocándote en las enseñanzas específicas que descubras en cada uno.

El tercero es un *resumen* de 1 Tesalonicenses. Después de estudiar detalladamente los cinco capítulos, tú reunirás lo que has aprendido y escribirás tus conclusiones.

Pídele ayuda al Señor mientras trabajas en cada paso. El Salmo 119:34 es una buena oración: "Dame entendimiento para seguir tu ley, y la cumpliré de todo corazón.

Probablemente encontrarás que lo mejor es no consultar comentarios Bíblicos hasta *después* que hayas terminado el estudio de cada capítulo. Permítele al Espíritu Santo que te hable directamente desde las Escrituras.

1 TESALONICENSES: TU ESTUDIO

Al estudiar todo el libro 1 Tesalonicenses para obtener una visión general, estarás colocando fundamentos valiosos para los descubrimientos que harás después cuando estudies cada capítulo en detalle. Haz lo mejor ahora para obtener un buen entendimiento de los antecedentes y temas generales de este libro.

La cosa más importante que puedes hacer para crecer en familiaridad con 1 Tesalonicenses es leerlo de nuevo una y otra vez. Sin detenerte lleva sólo unos pocos minutos leer completamente el libro. (En la mayoría de las Biblias 1 Tesalonicenses tiene solamente de tres a cinco páginas.) Compara varias versiones y también trata de leerlo una vez en voz alta.

Tu estudio escrito del libro contendrá cinco secciones principales: personajes principales, escenario histórico, propósito, temas y una visión general.

Después de completar tu estudio, anota aquí cuantas veces leíste completamente 1 Tesalonicenses. _____

PERSONAJES PRINCIPALES

1. ¿A cuáles de sus compañeros de trabajo los nombró Pablo como coautores de esta carta? *1 Tesalonicenses 1:1*

_____

2. ¿Cómo describe Pablo a los creyentes de Tesalónica en la oración de apertura de su carta?

_____

ESCENARIO HISTÓRICO

Tesalónica – en estos tiempos modernos la ciudad de Tesalónica en Grecia – es primero mencionada en la Biblia en Hechos 17:1-13. Lee este pasaje para responder las preguntas de la 3 a la 5.

3. Cuando Pablo llegó a Tesalónica ¿donde empezó a predicar?
_____

4. ¿Qué mensaje le dio Pablo a los Tesalonicenses?
_____
_____
_____

5. Describe varias de las respuestas a las enseñanzas de Pablo en Tesalónica.
_____
_____
_____
_____

6. Anota aquí lo que aprendiste de los libros de referencia (tales como diccionarios Bíblicos y enciclopedias) acerca de los antecedentes históricos de Tesalónica, de la iglesia allí y esta carta.
_____
_____
_____
_____
_____
_____
_____
_____
_____
_____

PROPÓSITO

7. De tu propia lectura de 1 Tesalonicenses y de los libros de referencia, ¿qué razones puedes dar tú para que Pablo escribiera esta carta?

_____
_____
_____
_____
_____

TEMAS

8. ¿Cuáles son los temas principales de esta carta que te llaman la atención?

_____
_____
_____
_____
_____

9. ¿Cuáles son algunos de los temas secundarios que tú encuentras?

_____
_____
_____
_____
_____

10. Enumera las palabras importantes que se repiten más frecuentemente en 1 Tesalonicenses.

_____
_____
_____

VISIÓN GENERAL

En la sección de la visión general del estudio de tu libro, tu objetivo es resumirlo en forma concisa escribiendo un bosquejo. Como punto de inicio querrás referirte a los bosquejos dados en los estudios Bíblicos y los párrafos de encabezamiento incluidos en algunas traducciones modernas.

Bajo cada encabezamiento que escojas, utiliza ya sea frases cortas u oraciones resumidas para describir las diferentes partes del libro.

En este momento puede parecerte difícil preparar un bosquejo adecuado, pero el ejercicio te ayudará a retener una vista general del libro cuando más tarde estudies más a fondo cada capítulo. Al cierre de tu estudio en 1 Tesalonicenses, tendrás la oportunidad de revisar todo el libro de nuevo y revisar tu bosquejo si es necesario.

11. Utiliza el siguiente espacio para escribir tu bosquejo sobre el estudio de 1 Tesalonicenses.

1 TESALONICENSES : CAPÍTULO UNO

Cuando estés trabajando en tu análisis escrito de cada capítulo de 1 Tesalonicenses, empezarás con la descripción de un pasaje, después harás una meditación versículo–por–versículo y finalizarás con tus conclusiones. Esto te ayudará a hacer una aplicación personal de tu estudio el cual también anotarás por escrito.

Antes de empezar tu trabajo escrito, lee completamente el primer capítulo varias veces, quizás haciendo algunas notas sobre cosas que te llamen la atención. Cuando hayas finalizado tu estudio del capítulo, escribe cuantas veces lo leíste.
Aunque puede ser que quieras complementar tu lectura con un parafraseo moderno, asegúrate de utilizar una traducción básica para tu estudio analítico del capítulo. Algunas de las traducciones de las cuales puedes escoger incluyen la *Nueva Versión Internacional*, la *Versión Estándar Revisada,* y la *Biblia de las Américas*.

DESCRIPCIÓN DEL PASAJE

Después que leas a través del capítulo, tu primer paso en analizarlo consiste en describir brevemente el contenido global. En este momento no intentes interpretar lo que tú leíste. Tu objetivo es observar *cuidadosamente* lo que está dicho, no el por qué.
Un método para describir el pasaje es escribirlo de nuevo sin modificar palabras y frases que no sean gramaticalmente necesarias para transmitir el significado central de la oración. Esto básicamente deja los sujetos, verbos y objetos. Esto es especialmente efectivo cuando el pasaje contiene muchos modificadores.

Por ejemplo, aquí están los versículos 2 y 3 del primer capítulo escritos de esta forma:

2 – Damos gracias a Dios por ustedes.

3 – Recordamos delante de Dios Su trabajo y Su obra, y su

Con este método tú puedes observar rápidamente el movimiento del pasaje.
Otro método para describir el capítulo es hacer un bosquejo resumen. El primer paso es dividir el pasaje en párrafos. (Las traducciones más recientes de la Biblia ya han sugerido la separación de los párrafos. El texto original no estaba dividido en párrafos, así que tú puedes decidir si divides el párrafo en forma diferente.) Después de determinar la división de los párrafos, escribe una o dos oraciones resumiendo cada contenido de los párrafos. No te preocupes si omites algunos detalles, dale un marco general en el cual más tarde tú puedas colocar los detalles.

Aquí hay una oración resumida de los versículos 2 y 3 como pueden aparecer en un bosquejo resumen del primer capítulo:

Pablo dice lo agradecido que está por la calidad de vida en la iglesia de Tesalónica (Versículos 2-3).

Utiliza el espacio de abajo para escribir la descripción de los pasajes de los versículos del 4 al 10, ya sea escribiéndolos de nuevo sin modificadores, o haciendo un bosquejo resumen. No te preocupes si omites algunos detalles, dale un marco general en el cual más tarde tú puedas colocar los detalles.

_____
_____
_____
_____
_____
_____

MEDITACIÓN VERSÍCULO-POR-VERSÍCULO

El corazón de tu estudio de 1 Tesalonicenses es la meditación versículo-por-versículo que haces en cada capítulo. Aquí tú le dedicarás una mirada más profunda mientras procedes de un versículo al siguiente.

Anotarás tus pensamientos en esta sección bajo cuatro encabezamientos: "observaciones," "preguntas y respuestas," "referencias cruzadas," y "notas y comentarios."

Bajo el encabezamiento de *observaciones*, tú simplemente le darás atención a lo que el pasaje dice en realidad. Aquí hay algunas preguntas que te pueden ayudar a hacer observaciones precisas:

- ¿Quiénes son las personas involucradas?
- ¿Qué ideas o enseñanzas son expresadas?
- ¿Qué eventos ocurren?
- ¿Cuáles son los resultados declarados de estas ideas o eventos?
- ¿Dónde sucedió esto?
- ¿Qué razones o propósitos están establecidos?
- ¿Cómo se lograron las cosas?

Aquí hay algunas observaciones basadas en los versículos 2 y 3:

2— *Pablo da las gracias por los Tesalonicenses.*

3— *Tres pensamientos paralelos en sus oraciones:*

   1. Trabajo de fe

   2. Labor de amor

   3. Constancia de esperanza

Ya que es imposible anotar cada observación que hagas sobre cada versículo, anota las observaciones que te estimulen a pensar más. ¡Pero no pases por alto lo obvio!

Anotar las *preguntas y respuestas* toma tiempo y esfuerzo considerable, pero a menudo lleva a una gratificante meditación. A medida que creces en el conocimiento de la Biblia, tendrás más preguntas, y serán más penetrantes e importantes. Al mismo tiempo, tu conocimiento y entendimiento crecerá.

Aquí hay unas posibles preguntas para los versículos 2 y 3.

2 – ¿Qué oró Pablo por ellos?

¿Qué es la fe? Confiar en el carácter de Dios y obedecerlo a Él.

3 – ¿Qué es la constancia inspirada por la esperanza?

Cuando una pregunta tiene varias posibles respuestas, anota tantas como puedas. No siempre las Escrituras suministran respuestas claras sobre cada tema, así que no insistas siempre en encontrar una. Concéntrate en lo que Dios ha revelado claramente. A menudo lo mejor es escribir preguntas sin escribir una respuesta. Esto te dará más tiempo para pensar acerca de ellas.

En muchos casos una pregunta estimulará más estudio en otras áreas de la Biblia. La Biblia es su propio mejor comentario. La Escritura interpreta a la Escritura. El contenido de un pasaje aclara el contenido de otro.

Aquí hay algunas referencias cruzadas para los versículos 2 y 3:

2 – 1 Tesalonicenses 5:18 – Dando gracias en todo.

3 – 2 Tesalonicenses 3:5 – La perseverancia de Cristo.

Hebreos 11:1 – La fe es la garantía segura de lo que no se ve y del futuro.

Tus propios estudios Bíblicos previos y los versículos que tú puedas haber memorizado antes son buenas fuentes de referencia cruzada. Si no puedes encontrar una referencia cruzada por tu propia cuenta, utiliza la concordancia o las notas marginales en tu Biblia.

Utiliza los espacios debajo de los encabezamientos sobre *notas y comentarios* para anotar ideas personales adicionales y especialmente ideas relacionadas con posibles aplicaciones.

Utiliza el espacio en las dos páginas siguientes para anotar tus pensamientos cuando medites versículo por versículo a través del primer capítulo de 1 Tesalonicenses.

OBSERVACIONES	PREGUNTAS Y RESPUESTAS

REFERENCIAS CRUZADAS	NOTAS Y COMENTARIOS

CONCLUSIONES

Para este momento ya tú has hecho una cantidad considerable del estudio. Has descrito el capítulo, meditado sobre cada versículo, hecho observaciones, realizado preguntas, así como también has hecho varias notas y comentarios más. Ahora tú puedes empezar a reunir todo esto.

El tema es el asunto central discutido por Pablo en este capítulo. Revisa tu trabajo escrito y pregúntate, "¿Cuál es el tema básico de este capítulo? ¿Acerca de qué está hablando Pablo?" Anota tu respuesta aquí:

_____
_____
_____

Al mismo tiempo que encuentras el tema, también puedes querer anotar otras conclusiones que hagas. Aquí hay una posible conclusión de este capítulo:

Oración, predicación, y la demostración de poder son las tres claves para comunicar el Evangelio (versículos 2, 5).

Utiliza el espacio siguiente para anotar otras conclusiones que tengas de 1 Tesalonicenses 1.

_____
_____
_____
_____
_____
_____
_____
_____

También vas a querer colocarle título al capítulo. Tu título probablemente reflejará el tema y las conclusiones que has enumerado antes. Anota tu título aquí:

_____

APLICACIÓN

El estudio Bíblico sin aplicación conlleva sólo a un conocimiento intelectual. La aplicación es poner en práctica la Escritura en tu vida – reconociendo la Biblia como un mensaje personal para ti y respondiendo de acuerdo a la misma. El salmista escribió "Consideré mis caminos, Y volví mis pies a tus testimonios. Me apresuré y no me retardé En guardar tus mandamientos." (Salmo 119:59-60).

El beneficio verdadero del estudio Bíblico está en obedecer al Señor – recibir la instrucción de Dios y ponerla en práctica. La aplicación no se da por osmosis o por casualidad; la aplicación se da por decisión y acción personal.

Escribir tu aplicación te ayudará a aclarar lo que planificas hacer. También te animará para ser específico. Las siguientes preguntas te ayudarán a aplicar la Biblia a tu vida:

- ¿Hay un *pecado* que debo evitar?
- ¿Hay una *promesa* de Dios para que yo la reclame?
- ¿Hay un *ejemplo* a seguir para mí?
- ¿Hay un *mandamiento* para yo obedecerlo?
- ¿Cómo puede este pasaje aumentar mi *conocimiento* acerca de Dios o acerca de Jesucristo?

Utiliza las siguientes líneas para anotar tu planificación aplicada de 1 Tesalonicenses 1.

_____
_____
_____
_____
_____
_____
_____
_____
_____
_____

Anota aquí el número de veces que leíste este capítulo en la preparación de tu estudio: _____

1 TESALONICENSES : CAPITULO DOS

Una mente abierta es necesaria para un estudio Bíblico efectivo. Y tú también tienes que tener voluntad para cambiar tu vida. Cada vez que separas un área de tu vida de los propósitos de Dios, se te obstaculizará la comprensión de las Escrituras. Por lo tanto, aproxímate a tu estudio Bíblico con una mente abierta y un espíritu dispuesto.

DESCRIPCIÓN DEL PASAJE

Brevemente describe en forma global los contenidos de 1 Tesalonicenses 2. Ya sea escribiéndolos de nuevo sin incluir palabras y frases que lo modifiquen, o haz un bosquejo resumen. O puede ser que quieras parafrasear el capítulo completo.

_____
_____
_____
_____
_____
_____
_____
_____
_____
_____

MEDITACIÓN VERSÍCULO-POR-VERSÍCULO

A medida que tú meditas en el segundo capítulo, pregúntate a ti mismo porque el Espíritu Santo incluyó esta parte de la Escritura.

Las posibles referencias cruzadas para este capítulo incluyen Hechos 16:23-24 para el segundo versículo, Gálatas 1:10 para el cuarto versículo, 1 Corintios 4:14-15 para el versículo 11, y Colosenses 1:10 para el versículo 12.

OBSERVACIONES	PREGUNTAS Y RESPUESTAS

REFERENCIAS CRUZADAS	NOTAS Y COMENTARIOS

CONCLUSIONES

¿Cuál consideras que sea el tema más importante en 1 Tesalonicenses 2?
_____
_____
_____
_____

¿Qué otras conclusiones tienes de tu estudio de este capítulo?
_____
_____
_____
_____
_____
_____
_____
_____
_____
_____
_____

¿Qué título le darías tú a este capítulo?
_____

APLICACIÓN

La aplicación empieza con la disposición voluntaria de aceptar la verdad. Una respuesta correcta a la Escritura está caracterizada por la confianza, la obediencia, la alabanza y la acción de gracias. Tu aplicación puede incluir recordar una verdad impresionante, cambiar una actitud equivocada, o tomar una acción positiva.

Anota tu plan de aplicación aquí:

_____
_____
_____
_____
_____
_____
_____
_____
_____
_____
_____
_____
_____

Anota aquí el número de veces que leíste este capítulo en la preparación de tu estudio: _____

1 TESALONICENSES : CAPITULO TRES

A causa de su amor por los Tesalonicenses creyentes, Pablo tomó una acción específica la cual está registrada en el tercer capítulo de 1 Tesalonicenses. Revisa tu trabajo escrito en los dos primeros capítulos mientras empiezas a estudiar la descripción de Pablo sobre esta acción.

DESCRIPCIÓN DEL PASAJE

_____
_____
_____
_____
_____
_____
_____
_____
_____
_____
_____
_____
_____
_____
_____

MEDITACIÓN VERSÍCULO-POR-VERSÍCULO

Algunas posibles referencias cruzadas para 1 Tesalonicenses 3 incluyen Filipenses 1:29 para el versículo cuarto, 1 Pedro 5:8 para el versículo quinto, 3 Juan 4 para el versículo octavo, Colosenses 4:12 para el versículo 10, 1 Tesalonicenses 4:9-10 para el versículo 12, y 1 Juan 3:2-3 para el versículo 13.

OBSERVACIONES	PREGUNTAS Y RESPUESTAS

REFERENCIAS CRUZADAS	NOTAS Y COMENTARIOS

CONCLUSIONES

Tema: _____
_____
_____

Otras Conclusiones: _____
_____
_____
_____
_____
_____
_____
_____
_____
_____
_____
_____
_____
_____
_____
_____
_____
_____
_____
_____

Título: _____

APLICACIÓN

Quizás el Señor ya te ha impresionado a través de una parte del capítulo acerca de una aplicación que tú debes hacer. Si no, en oración revisa de nuevo el capítulo y tu estudio para encontrar lo que Él quiere que tú pongas en práctica en tu vida.

Declara tu plan de aplicación aquí:

_____
_____
_____
_____
_____
_____
_____
_____
_____
_____
_____
_____

Anota aquí el número de veces que leíste este capítulo en la preparación de tu estudio: _____

1 TESALONICENSES : CAPITULO CUATRO

**DESCRIPCIÓN
DEL PASAJE**

_____
_____
_____
_____
_____
_____
_____
_____
_____
_____
_____
_____
_____
_____
_____
_____
_____
_____
_____

OBSERVACIONES	PREGUNTAS Y RESPUESTAS

REFERENCIAS CRUZADAS	NOTAS Y COMENTARIOS

CONCLUSIONES

Tema: _____
_____
_____

Otras Conclusiones: _____
_____
_____
_____
_____
_____
_____
_____
_____
_____
_____
_____
_____
_____
_____

Título: _____

APLICACIÓN

Estas preguntas te pueden ayudar a escribir aplicaciones significativas:
- ¿Cuál es la verdad que quiero aplicar?
- ¿Cuál es mi necesidad?
- ¿Cuál es mi plan de acción?
- ¿Cómo puedo verificar mi progreso?

Ora por la ayuda del Espíritu Santo para seleccionar y llevar a cabo tu aplicación.

_____
_____
_____
_____
_____
_____
_____
_____
_____
_____
_____
_____

Anota aquí el número de veces que leíste este capítulo en la preparación de tu estudio: _____

1 TESALONICENSES : CAPITULO CINCO

**DESCRIPCIÓN
DEL PASAJE**

_____
_____
_____
_____
_____
_____
_____
_____
_____
_____
_____
_____
_____
_____
_____
_____
_____
_____
_____
_____

OBSERVACIONES	PREGUNTAS Y RESPUESTAS

REFERENCIAS CRUZADAS	NOTAS Y COMENTARIOS

CONCLUSIONES

Tema: _____
_____
_____

Otras Conclusiones: _____
_____
_____
_____
_____
_____
_____
_____
_____
_____
_____
_____
_____
_____

Título: _____

APLICACIÓN

_____
_____
_____
_____
_____
_____

Anota aquí el número de veces que leíste este capítulo en la preparación de tu estudio: _____

1 TESALONICENSES : TU RESUMEN

Ahora estás listo para hacer tu resumen de 1 Tesalonicenses para obtener una idea unificada del libro.

Primero, trata de pensar a través de 1 Tesalonicenses capítulo por capítulo sin referirte al libro o a tu trabajo escrito. Escribe aquí, de memoria, una breve descripción de los contenidos de cada capítulo:

Capítulo 1 _____
_____
_____

Capítulo 2 _____
_____
_____

Capítulo 3 _____
_____
_____

Capítulo 4 _____
_____
_____

Capítulo 5 _____
_____
_____

Tu próximo paso es leer el libro de nuevo varias veces. Haz cada lectura si es posible en una sentada. Ya que ahora el material te es familiar, tú deberías ser capaz de leerlo rápidamente. Busca de nuevo el tema general que fluye a través del libro. Trata de obtener una visión general.

Anota aquí el número de veces que leíste 1 Tesalonicenses para tu estudio resumen: _____

Después revisa los temas que enumeraste para cada capítulo. Escoge aquellos que te parecen más importantes en este momento, y anótalos aquí:

_____

_____

_____

_____

_____

_____

_____

_____

También revisa tus conclusiones para cada capítulo, escoge las principales, y anótalas abajo. Haz también una lista de cualquiera de las conclusiones que has hecho sobre el libro como un todo ahora que has estudiado cada capítulo.

_____

_____

_____

_____

_____

_____

_____

_____

Revisa los títulos que le diste a cada capítulo. Escríbelos de nuevo aquí, haciendo cualquier cambio que desees:

Capítulo 1 _____

Capítulo 2 _____

Capítulo 3 _____

Capítulo 4 _____

Capítulo 5 _____

Ahora considera el libro como un todo y dale un título. Trata de mantener el título corto, y utiliza palabras que ilustren bien el contenido de 1 Tesalonicenses. Anota tu título aquí:

_____

Finalmente, revisa los planes de aplicación que anotaste. ¿Hay alguno que no hayas completado de los cuales ahora serías capaz de llevar a cabo?

Ahora escribe un plan de aplicación final.